Elisabeth Chagnoux

Petits objets en Bois découpé

Éditions Didier CARPENTIER

Sommaire

Généralités 6/7
Le pantin 8
Le mobile 10
Les porte-photos 12
Le banc 14
Les lapins de table 15
Les pinces 16
Les chiffres 18
Les étagères à miniatures 20
Les presse-livres 24
Les porte-crayons et les embouts 28
Le porte-sucettes 30
Les plaques de portes 31
Les puzzles 34
Décorations de Noël 42
Les patères animaux 46
Les portemanteaux 50
Les veilleuses et leurs patères 55
Le jeu du solitaire 58
Le jeu de l'échelle 59
Les petits malins 60

Pour réaliser ce modèle,
reportez-vous à la page 50 et au plan central.

A Rémi,
Marie,
Loïc
et Pierre.

Pour réaliser ce modèle, se reporter en pages 12 et 13.

Née en 1954, Elisabeth Chagnoux, d'abord institutrice, a ensuite partagé la vie de groupes d'enfants.

Elle avoue avoir gardé quelques traits de l'enfance à laquelle elle se sent très liée.

Créer de ses mains lui a toujours été indispensable. Pour faire des cadeaux autour d'elle, il lui était essentiel d'inventer pour chacun, plutôt que d'acheter : offrir la matière et le temps...

De fil en aiguille, avec un peu de tissu et de bois, elle a continué et en a fait son métier.

Attention, il ne s'agit pas de jouets : les objets que propose Elisabeth sont destinés au confort et au bonheur, ils adressent un clin d'œil à l'enfant d'aujourd'hui et à celui qui est toujours en nous.

GÉNÉRALITÉS

Ce livre va vous permettre de découvrir le plaisir de créer et d'imaginer des formes en bois découpé et peintes avec des couleurs délicates. Les modèles proposés sont des points de départ utiles, mais mon souhait le plus cher est qu'ils vous donnent envie d'imaginer et de réaliser quelque chose d'unique.

Recopier sera, je l'espère, facile et agréable, mais créer est un tout autre bonheur que j'aimerais vous faire partager à travers cet ouvrage.

Grâce aux plans insérés, vous trouverez tous les dessins à taille réelle, accompagnés de leurs détails et de conseils techniques.

Scie, pinceaux et couleurs ne sont que des instruments grâce auxquels je vous souhaite de retrouver la joie de l'enfant qui disait, tout fier : «Regarde ce que j'ai fait».

A vous de réaliser des cadeaux pour ceux que vous aimez...

Le bois

Il faut utiliser du bois parfaitement sec. Le contreplaqué de toutes épaisseurs *(entre 3 mm et 2 cm)* convient parfaitement. On peut trouver dans le commerce des bois exotiques *(samba)* ou du médium, très faciles à travailler.

Après la découpe, préparez le bois en passant une première couche d'apprêt ou une bonne couche de peinture blanche. Il faudra ensuite poncer pour obtenir une surface bien lisse.

La découpe

Tous les modèles proposés ont été réalisés avec une scie électromagnétique mais ils peuvent l'être également avec une scie à chantourner. Cela sera un peu plus long, mais le résultat sera de bonne qualité.

Après avoir tracé les contours, découpez le bois avec la scie électromagnétique. Pour cela, poussez le bois vers la lame, lentement, en maintenant le morceau bien plaqué contre le plateau de la scie, les mains guidant la pièce à découper de chaque côté. Il ne faut pas forcer, la lame doit rester droite. Vous pouvez vous entraîner à suivre d'abord un tracé droit, puis courbe ou plus tortueux. Pour découper une forme aux contours compliqués, vous pouvez vous y reprendre en plusieurs fois pour dégager peu à peu la pièce et avoir des angles d'attaque moins prononcés.

Faites pivoter le bois sur place, autour de la lame, pour obtenir la direction voulue.

Pour retirer une pièce ou reculer, n'arrêtez pas la scie, mais guidez très souplement sur le tracé déjà parcouru, tout en maintenant le bois fermement sur le plateau.

Pour avoir un envers bien net, placez une feuille de carton entre la scie et la planche, fixez-la avec du scotch d'emballage, ou mettez une autre planche de bois, sous la première.Si le bois est peu épais, la scie aura tendance à découper trop rapidement. Il est conseillé, alors, de découper plusieurs épaisseurs à la fois, pour maintenir une bonne vitesse de découpe.

Ne soyez pas esclave du tracé, parfois les erreurs sont un plus, que l'on aura à exploiter. Il vaut mieux couper une forme plus ronde, que de se crisper et occasionner de grosses irrégularités. Souvent le ponçage suffit à corriger les imperfections.

Pour évider une forme, percez un trou avec un clou sur le tracé, démontez la lame, faites-la passer dans le trou et refixez-la à la scie. Attention les dents de la lame doivent toujours être dirigées vers le bas.

La peinture

Préparez vos propres couleurs avec des tubes de teinture universelle, ou des peintures à l'eau «prêtes à l'emploi» *(vinyliques, acryliques)*, satinées, mates ou brillantes.

Quelques rappels

Cinq couleurs sont indispensables : les couleurs primaires *(le jaune, le bleu cyan, le rouge magenta)* plus le blanc et le noir, *(couleurs neutres)*.
Les couleurs secondaires sont obtenues avec le mélange des couleurs primaires :

- le vert *(bleu + jaune)*
- l'orangé *(jaune + rouge)*
- le violet *(bleu + rouge)*.

En mélangeant une couleur primaire et une couleur secondaire, vous obtenez les couleurs tertiaires :

- le vert clair *(jaune + vert)*
- le vert émeraude *(bleu + vert)*
- le bleu outremer *(bleu + violet)*
- le rouge carmin *(rouge + orangé)*.

Réalisez un petit nuancier de couleurs pour l'avoir sous les yeux. Pour peindre certains modèles, choisissez une gamme chaude *(jaune, orange, rouge)* ou une gamme froide *(bleu, vert, violet)*.
Les couleurs s'appellent, se répondent : un bleu chantera différemment s'il est à côté d'un blanc, d'un vert, d'un autre bleu.
Pour les mélanges, pensez qu'il faut partir d'une couleur claire que l'on fonce peu à peu.
Vous pouvez choisir de peindre un modèle en utilisant une couleur et ses camaïeux, ou décider d'utiliser tout un assortiment.
Il faudra seulement que l'œil trouve une couleur dominante.
Les couleurs foncent généralement en séchant.

Quelques conseils

Faites des essais.
Pensez à poncer et peindre la tranche de la pièce : cela donne du volume et une belle finition.
Il faut toujours peindre dans le sens du bois.
L'envers doit être agréable à regarder, il doit être bien poncé ou peint.
Les peintures acryliques sèchent vite. Vous pouvez verser quelques gouttes d'eau sur la surface si vous restez un certain temps sans les utiliser.

La réalisation

Reportez les formes sur les planches de bois ; découpez-les en suivant le contour des tracés. Poncez bien les tranches des différentes parties à peindre.
Poncez entre chaque couche de peinture, *(deux à trois)*. Le bois doit être bien lisse, la couleur intense et belle à regarder. Une fois les grandes surfaces peintes, marquez les détails au crayon puis travaillez les finitions :
- au pinceau : choisissez un pinceau fin et bien pointu. Soignez-le, il est précieux et peut travailler presque seul !
(à condition de ne pas le laisser séjourner dans l'eau et de le rincer à l'eau claire).
- au feutre indélébile *(il en existe de différentes couleurs)* : le bois devra être très lisse car la pointe du feutre est rigide et suit toutes les aspérités.
Les tracés de détails sont très importants : ils soulignent de façon très précise un contour, un pli, un mouvement. Ils sont le petit plus qui donne la touche finale. Un trait noir ou en couleur, un mouvement, une petite ombre et tout l'aspect change.
Maintenant à vous de jouer !

Les formes

Pour une même forme de base, nous vous proposons le plus souvent plusieurs possibilités de tracés, de couleurs... N'hésitez pas : faites bouger les modèles. Il suffit parfois de peu de choses, pour mettre l'imagination en route. Sur le patron de la page centrale, nous vous proposons quelques variantes. Choisissez.

Le matériel

- une scie électromagnétique
- des pinceaux n° 2, n° 14, n° 16, une brosse
- du papier de verre 0, 1, 2
- des crayons papier HB, une gomme
- du papier calque, des feuilles de carton
- de la colle à bois
- du reboucheur universel
- des gants en plastique
- une paire de ciseaux
- des pinces à linge
- de la mousse adhésive, pour fixer les éléments légers
- un tournevis, vis, broches, épingles
- des baguettes de bois, des clous
- des tourillons de différents diamètres
- une perceuse et des mèches
- un cutter
- des chiffons.

Pour réaliser ce modèle, se reporter en pages 12 et 13.

Réalisation

Reportez les formes sur la planche de bois; découpez-la suivant le contour des tracés. Découpez une fois le corps et deux fois les épaules, les bras, les cuisses et les jambes. Passez la peinture de fond *(vert et bleu pour les vêtements)* puis ajoutez les détails *(col, motifs, yeux, nez, bouche, ...)*. Percez les trous pour les boulons sur tous les membres, ainsi que les trous pour fixer la ficelle sur les épaules et les cuisses.

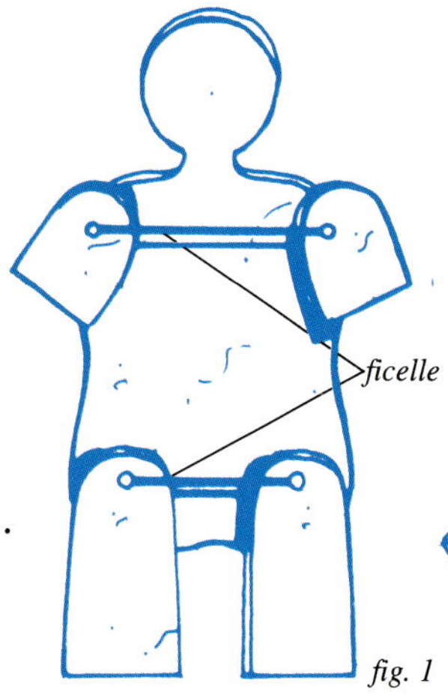

fig. 1

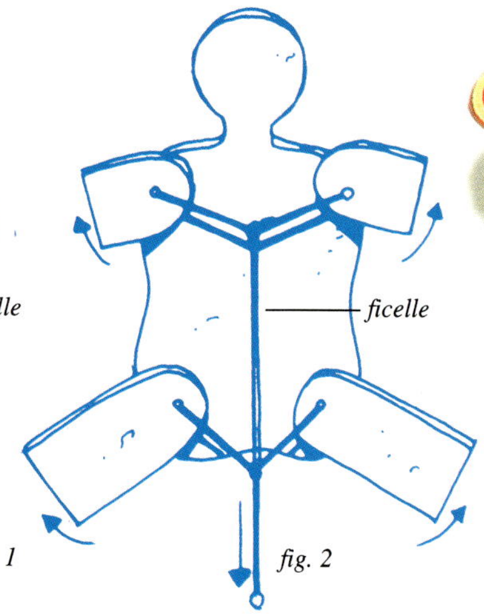

fig. 2

Poncez parfaitement les trous sur l'envers et sur l'endroit des morceaux de bois. Assemblez les épaules et les bras d'une part, les cuisses et les jambes d'autre part et fixez ces ensembles derrière le corps, l'écrou seul devant être visible sur l'avant du pantin. Reliez les deux épaules par une ficelle bien tendue et faites de même pour les cuisses *(fig. 1)* Posez le pantin à l'envers Écartez les membres du corps au maximum et fixez la ficelle verticalement *(fig. 2)*.

Suggestions

La réalisation du pantin peut-être simplifiée, en décidant que les avants-bras soient fixes. Vous pouvez également prendre n'importe quel autre personnage de votre choix et le transformer en pantin, il suffit pour cela d'en respecter la structure générale.

Fournitures

- 1 planche de bois de 62 x 20 x 0,6 cm
- 8 boulons de Ø 0,4 x 2 cm
- de la ficelle
- 1 perle de bois percée

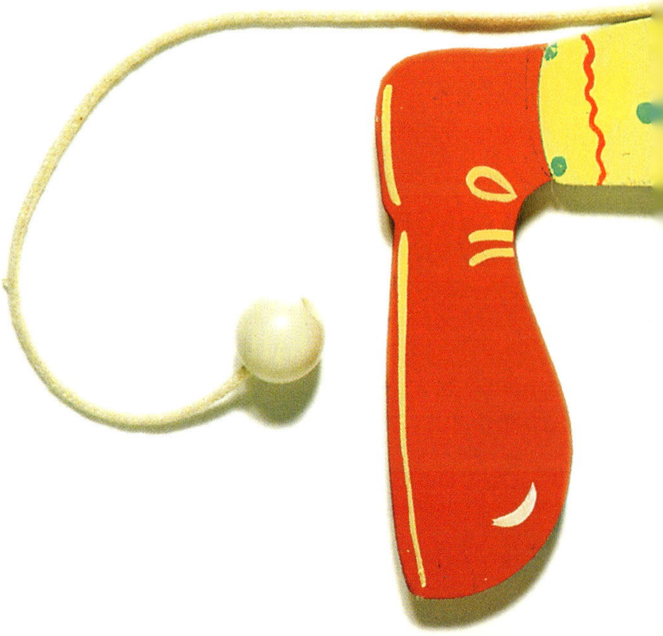

LE MOBILE

Fournitures

- du contre-plaqué de 0,3 cm d'épaisseur et de la dimension de chaque modèle à réaliser
- 1 baguette de bois de Ø 0,2 x 80 cm
- du fil de nylon
- 1 cutter
- de la colle liquide

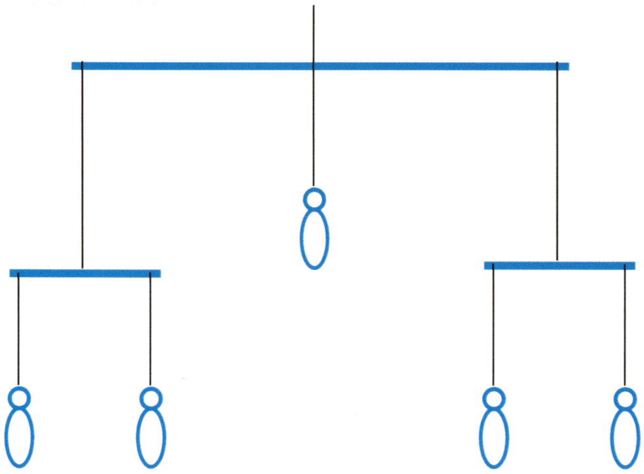

Exemples de montage du mobile.

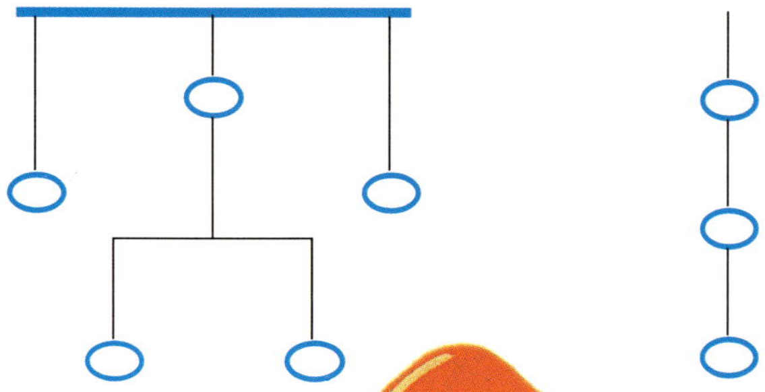

Réalisation

Imaginez bien la composition de votre mobile. Vous trouverez ici quelques exemples (*voir schémas*). Reportez les formes sur le contre-plaqué, découpez-les en suivant le contour du tracé. Choisissez vos couleurs. Peignez les grandes surfaces, les vêtements, les visages. Ajoutez les détails *(motif des habits, contours)*. Percez un petit trou pour accrocher chaque élément avec un morceau de fil de nylon. Coupez la baguette pour avoir les morceaux de la longueur voulue :
18 cm pour les petits, 40 pour le grand.
Réalisez au cutter une petite encoche à chaque extrémité des baguettes, pour éviter au fil de nylon de glisser et de déséquilibrer le mobile. Vous pouvez aussi fixer le fil avec un point de colle.
Commencez par fixer les éléments les plus bas.
Positionnez-les *(en poussant le fil central)* pour obtenir un équilibre parfait.
(*Attention : le point d'équilibre n'est pas obligatoirement le milieu, un élément pouvant être plus lourd qu'un autre).* Fixez chaque ensemble à la baguette centrale avec du fil de nylon.

Conseils techniques

Osez toutes les associations de couleurs : les clowns sont très compréhensifs et adorent les fantaisies et les audaces.
Faites briller les chaussures en faisant une virgule blanche.

Suggestions

Vous pouvez varier les structures du mobile à l'infini, de la simple enfilade de clowns volants à la structure asymétrique où vous pouvez introduire d'autres éléments *(animaux, arbres, nuages...)*.
Vous pouvez ainsi faire des mobiles d'ours, de lapins, de chats, de souris, en reprenant les éléments de ce livre.

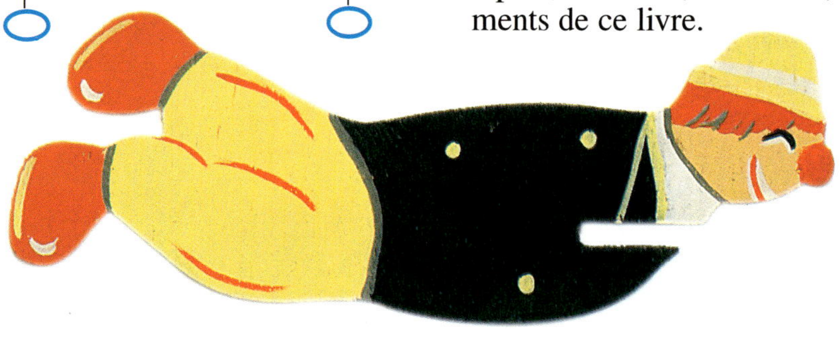

Fournitures

Pour chaque modèle

- 1 planche de bois de 27 x 13 x 0,6 cm
- du ruban adhésif

Réalisation

Reportez la forme du modèle choisi sur la planche de bois ; découpez-la en suivant le contour du tracé. A l'aide d'un clou, marquez les quatre coins de la fenêtre. Découpez-la suivant les repères. Décorez le modèle aux couleurs de votre choix. Posez le modèle sur la photo, choisissez votre cadrage, marquez-le légèrement au crayon. Prévoyez une marge légèrement supérieure et découpez la photo avec un cutter et une règle plate. Fixez la photo au dos du modèle avec du ruban adhésif. Pour accrocher le porte-photo, fixez au dos une attache de suspension, ou pratiquez un petit trou dans la partie supérieure.

LE BANC

Fournitures

- 1 planche de bois de 44 x 41 x 2 cm
- de la colle
- des clous
- du reboucheur

Réalisation

Reportez les plans sur la planche de bois ; découpez-la en suivant le contour des tracés. Passez deux couches de peinture sur toutes les pièces. Avec un crayon, marquez les emplacements des clous sur AC et D *(fig. 1, 2, 3)* . Plantez trois clous sur A et C, collez et clouez sur B *(fig. 4)* . Prenez le plateau D, plantez les clous, collez et clouez sur AB et C. Chassez les têtes des clous et colmatez-les avec du reboucheur. Laissez sécher. Poncez. Passez une troisième couche de peinture. Réalisez le décor avec les ballons. Cernez les contours en gris. Pour obtenir les reflets, tracez une virgule de blanc sur chaque ballon.

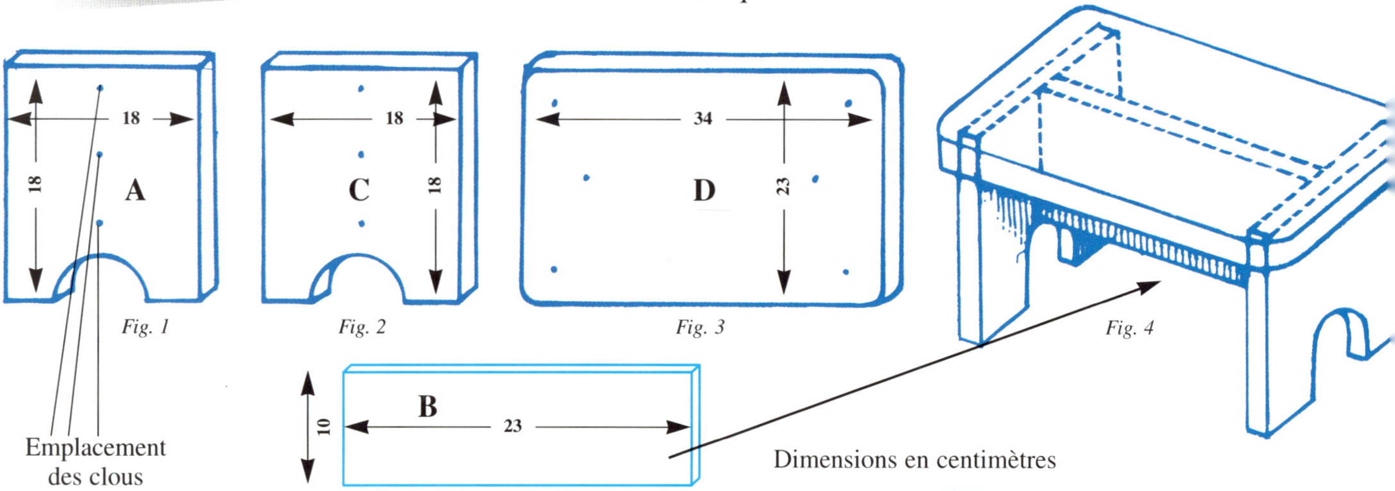

Fig. 1 *Fig. 2* *Fig. 3* *Fig. 4*

Emplacement des clous

Dimensions en centimètres

Conseil technique

Pour un entretien plus facile, passez une couche de vernis.

LES LAPINS DE TABLE

Réalisation

Lapins à genoux

Il s'agit d'un ensemble de deux lapins par personne. Reportez les formes sur la planche de bois ; découpez-la en suivant le contour des tracés. Passez les couleurs de votre choix en les alternant d'un lapin à l'autre. Ajoutez les détails. Pratiquez une fente à l'aide de la scie, dans l'épaisseur, au niveau des mains et des genoux.

Lapin allongé

Reportez la forme sur la planche de bois ; découpez-la en suivant le contour du tracé. Passez les couleurs de votre choix. Ajoutez les détails. Pratiquez une fente à l'aide de la scie dans l'épaisseur en partant des pieds jusqu'à la taille.

Lapin à l'œuf

Reportez la forme sur la planche de bois ; découpez-la en suivant le contour du tracé. Passez les couleurs du fond. Ajoutez les détails. Pratiquez une fente à l'aide de la scie dans le tiers supérieur du modèle. Découpez des étiquettes dans le papier fort, sur lesquelles vous inscrivez les prénoms.

Fournitures

- du bois de 1,5 cm d'épaisseur et de la dimension.de l'objet à réaliser
- du papier fort

LES PINCES

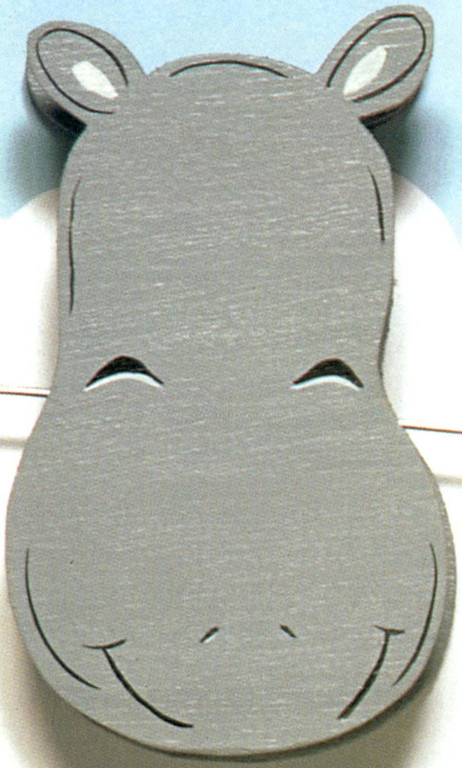

Fournitures

- du bois de 0,5 cm d'épaisseur et de la dimension de chaque objet à réaliser
- 1 pince à linge en bois par modèle

Réalisation

Reportez deux fois le dessin sur les planches de bois correspondant au modèle choisi ; découpez-les en suivant le contour des tracés. Vous obtenez deux formes identiques. Sur l'une d'elle, passez les couleurs avec les détails. Sur l'autre, vous passez une seule couleur en harmonie (*ex. pour l'hippopotame, la forme unie sera peinte en gris*). Collez la pince à linge entre les deux formes.

LES CHIFFRES

Fournitures

- du bois de 1 cm d'épaisseur minimum et de la dimension du modèle à réaliser.

En porte-bougies pour les anniversaires, pour apprendre à compter en couleur, sur la porte de l'appartement, de la maison, fabriquer un mini-jeu de massacre, compter les points dans un jeu, etc...

Réalisation

Reportez la forme du modèle choisi sur la planche de bois ; découpez-la en suivant le contour du tracé. Poncez les formes, n'oubliez pas la tranche. Passez la couleur du fond. Poncez à nouveau tout doucement. Repassez une deuxième couche de peinture. Ajoutez les détails.

Suggestions

Toutes ces formes peuvent être utilisées en plaques de porte, en presse-livres ou en porte-bougies. Dans ce dernier cas, il sera nécessaire de percer un trou et de penser à la stabilité du socle.

Fournitures

Pour la boutique
- 1 planche de 25,5 x 19,5 x 1 cm

Pour les 3 étagères de la boutique
- de la baguette de 6 x 0,4 cm
  (2 étagères de 18 x 3 x 0,4 cm
  1 étagère de 24 x 3 x 0,4 cm)

Pour le camion
- 1 planche de bois de 21 x 18 x 1 cm
- de la baguette de 6 x 0,4 cm
  (2 étagères de 14,5 x 3 x 0,4 cm)

Pour l'armoire
- 1 planche de bois de 25 x 15,5 x 1 cm
- de la baguette de 6 x 0,4 cm
  (4 étagères de 12 x 3 x 0,4 cm)

Réalisation

Reportez le dessin sur la planche de bois correspondant au modèle choisi ; découpez-la en suivant le contour du tracé. Passez la peinture sur les grandes surfaces, laissez sécher et ajoutez les détails (*jaune pour les contours du camion*). Sur l'armoire, peignez une frise verte avec des fleurs roses et blanches. Sur la boutique, cernez les contours de la vitrine et de la porte. Ecrivez le nom, les horaires d'ouverture, etc. Pour chaque modèle, marquez les emplacements des étagères et plantez deux petits clous dont vous couperez la tête pour laisser des mini-clous de 2 mm de longueur. Découpez les baguettes en deux dans le sens de la longueur. Encollez les chants des pièces ainsi obtenues et posez-les sur le support à l'endroit des repères, ils formeront les étagères.

Conseils techniques

Attention aux traces de colle à enlever rapidement. Veillez également à ce que les étagères soient bien perpendiculaires à la planche principale.

Suggestion

Vous pouvez réaliser d'autres formes d'étagères, en fonction de la collection des miniatures à y poser.

Pour «garer» les voitures miniatures
et exposer les parfums, les bijoux... et les rêves.

LES PRESSE-LIVRES

Fournitures

Pour chaque paire

- 1 planche de bois de 55 x 45 x 1,5 cm
- des petits clous
- de la colle à bois

Réalisation

Les équerres

Reportez les formes 1 et 2 deux fois sur la planche de bois *(fig. 1)* ; découpez-la suivant le contour des tracés.
Passez deux couches de peinture sur toutes les pièces.
Avec un crayon, marquez les emplacements des clous à la base des pièces 1 *(fig. 1)*.
Plantez trois clous sur 1 (x 2). Collez et clouez sur 2. Répétez l'opération sur la deuxième équerre *(fig. 2)*. Assurez-vous que les deux planches soient parfaitement ajustées. Plantez d'abord le clou du milieu, ce qui vous permettra de rectifier l'équerrage en faisant pivoter la planche.

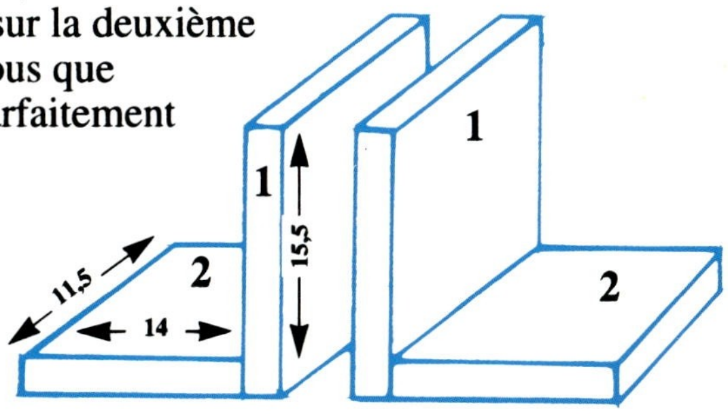

Fig. 2

Dimensions en centimètres

Fig. 1

Les formes

Reportez deux fois le dessin sur la planche de bois correspondant au modèle choisi ; découpez-la en suivant le contour du tracé.

Les clowns

Passez la peinture. Ajoutez les détails. Les couleurs sont inversées d'un clown à l'autre. Marquez les points de contact. Collez et pressez.

Les ours

Passez la peinture au pinceau brosse, en tamponnant plusieurs nuances en même temps : marron avec plus ou moins de rouge, jaune ou noir. Cela rendra plus facilement l'effet de fourrure. Cernez chaque forme, en peinture plus claire ou plus foncée. Marquez les points de contact. Collez et pressez.

Les lapins

L'un est blanc duveté gris, l'autre gris duveté blanc. Vous pouvez donner cet aspect au lapin en passant une autre couleur au pinceau brosse sur le contour. Marquez les points de contact. Collez et pressez.

Les chats

Passez la peinture noire pour le corps et en blanc pour les détails. Placez la forme sur le presse-livres. Marquez les points de contact. Collez et pressez.

Suggestion

Vous pouvez inverser les couleurs des deux sujets pour en faire deux presse-livres complémentaires.

GEDEON DANS LA FORET
Laura Norma
Le roi Babar
Jean de Brunhoff

Fournitures

Pour la trousse
- 1 planche de bois de 25 x 20 x 1,5 cm

Pour le cartable :
- 1 planche de bois de 25 x 15 x 1,5 cm

Pour les embouts
- du bois de 1,5 cm d'épaisseur et de la dimension du modèle à réaliser
- de la colle

Réalisation

La trousse

Reportez les formes sur la planche de bois ; découpez-la en suivant le contour des tracés. Poncez soigneusement les tranches. Avec un crayon, marquez les emplacements des trous, percez. Passez la peinture des fonds et ajoutez les détails. Laissez sécher. Collez les deux éléments de la trousse l'un sur l'autre. Pressez.

Le cartable

Reportez les formes sur la planche de bois, découpez-la en suivant le contour des tracés *(cartables, poches et poignées)*. Poncez soigneusement les tranches. Avec un crayon, marquez les emplacements des trous, percez. Passez la peinture sur les différents éléments : le cartable en vert, jaune et mauve, les poches en jaune et rose, la poignée en rose et jaune. Terminez par les détails. Collez les différents éléments. Pressez.

Suggestion

Vous pouvez choisir d'autres formes de préférence allongées, par exemple un chien et d'autres animaux, ou une voiture et ses passagers.

Les embouts

Reportez chaque forme sur la planche de bois ; découpez-la. Faîtes les trous. Passez une première couche de peinture. Poncez avec précaution. Passez une deuxième couche de peinture. Faites les détails. Collez les crayons.

Conseils techniques

Il est plus facile de faire les trous sur la planche avant de découper les embouts.

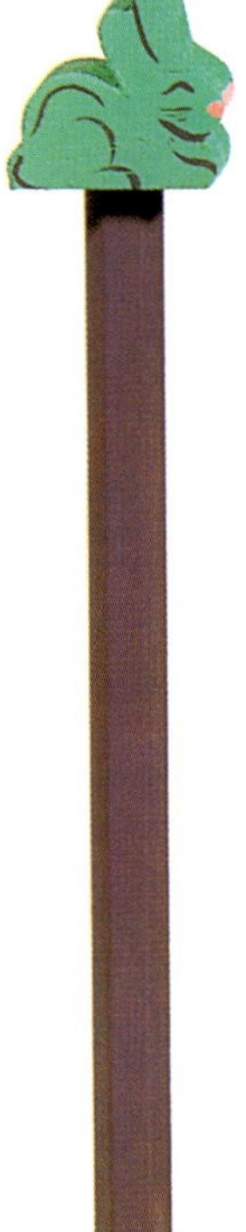

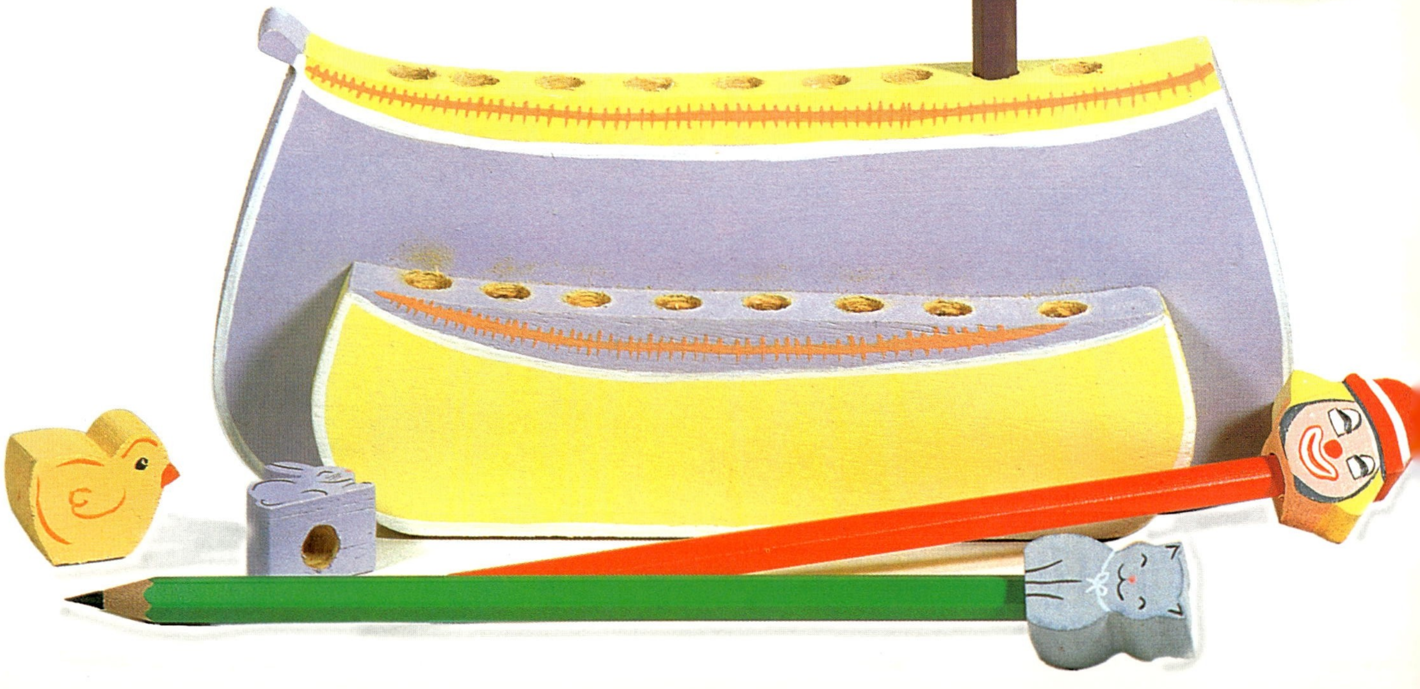

LE PORTE-SUCETTES

Fournitures

- 1 planche de bois de 25 x 30 x 1 cm
- des clous
- de la colle à bois

Réalisation

Reportez les formes sur la planche de bois ; découpez-la en suivant le contour des tracés. Poncez soigneusement les tranches. Avec un crayon, marquez les emplacements des trous, percez.
Attention : seules les mains doivent être percées dans l'épaisseur totale du bois.
Passez la peinture de fond et les détails. Laissez sécher. Assemblez le clown et son socle bien précisément, avec deux ou trois clous et de la colle.

Conseils techniques

Osez toutes les associations de couleurs pour le costume du clown. Pour le socle, vous pouvez reproduire le motif de la nappe, que vous utiliserez ce jour-là, ou les motifs des serviettes, ou du thème de la fête.

Suggestions
Les gourmands pourront agrandir la surface du socle et ceux qui n'aiment pas les sucreries pouront remplacer les sucettes par des bougies d'anniversaire, des cierges magiques... Pour cela il faudra donc modifier la dimension des trous.

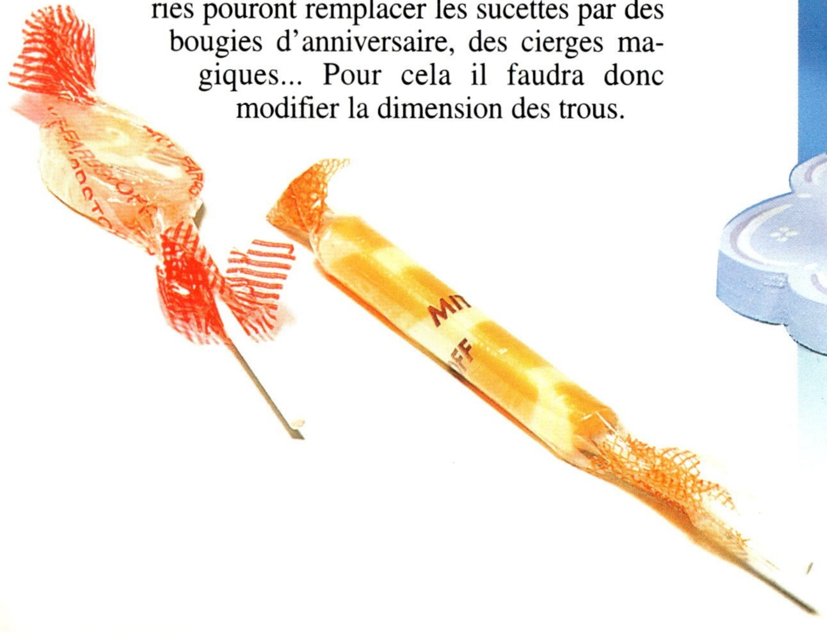

Fournitures

- du bois de 0,3 à 0,5 cm d'épaisseur et de la dimension du modèle à réaliser
- des fixations en mousse adhésive double-face
- du fil de coton à broder de couleur

Réalisation

Reportez chaque forme sur la planchede bois ; découpez-la en suivant le contour des tracés. Poncez soigneusement les tranches. Passez la peinture des fonds sur l'endroit et sur l'envers. Dessinez les détails, marquez les contours. Collez un morceau de mousse adhésive double-face sur l'envers. Pour la mongolfière, fixez le fil de coton sur le ballon et sur la nacelle avec de la mousse adhésive double-face.

Conseil technique

Pour faire briller un détail ou suggérer un volume, tracez une virgule de peinture blanche.

Suggestions
Tous les motifs peuvent être montés en mobile. Les formes peuvent être reproduites plusieurs fois pour faire une frise ou une décoration sur une armoire, un tiroir, un lit.

L'éléphant

Fournitures

Pour l'éléphant
- 2 planches de bois de 25 x 25 x 0,6 cm
- des tourillons Ø 0,4 cm

Pour le panier
- 3 planches de bois de 25 x 25 x 0,6 cm
- des tourillons Ø 0,4 x 0,7 cm

Réalisation

Reportez les formes sur les planches de bois ; découpez-les en suivant le contour des tracés. Marquez un trou avec un clou sur le tracé à un endroit discret pour introduire la lame, pratiquez la découpe intérieure.
Une fois la forme dégagée, coupez les différents morceaux du puzzle ; *(Attention, impossible de faire marche arrière pour parfaire une coupe, le premier essai est décisif !).*
Poncez bien soigneusement les tranches de chaque pièce, afin d'éviter une usure prématurée des bords. Passez les couleurs des fonds, dessinez les décors et les détails : l'ours en jaune, les contours de l'éléphant en vert. Encollez le fond et la partie évidée qui recevra les éléments du puzzle. Attention à ce que la colle reste discrète. Pressez pour coller parfaitement. Poncez les contours du puzzle, pour bien lisser les différentes épaisseurs collées. Pour le puzzle "panier" à trois niveaux faites un petit trou près de l'ours, afin d'extraire facilement le morceau du cadeau.

Conseils techniques

Ne peignez pas les tranches, le bois gonflerait et les morceaux ne pourraient plus rentrer à leur place. Pour les jeunes enfants ou pour plus de commodité, vous pouvez fixer des tourillons au centre de chaque morceau du puzzle afin de les retirer plus facilement. Pour les puzzles à plusieurs niveaux, faites un trou sur l'avant dernier fond pour chasser la première pièce.

Suggestions

Imaginez plusieurs décors intérieurs, s'ouvrant les uns sur les autres. Votre souci : pouvoir accéder à l'épaisseur la plus éloignée de la surface, sans difficulté. Vous pouvez réaliser des puzzles à partir de dessins d'enfants, vous obtiendrez un puzzle tout à fait personnalisé dont le décor intérieur sera très agréablement imaginé par le créateur lui-même.

Étape 1

Puzzle non démonté

Étape 2

Le panier

Étape 1

Étape 2

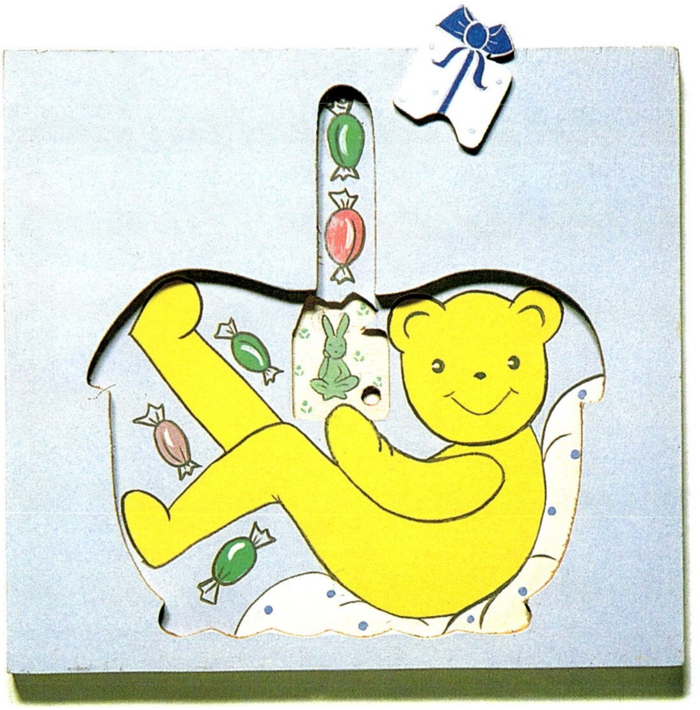

Étape 3

Fournitures

- 2 planches de bois de 0,6 cm d'épaisseur, de 17,5 cm de hauteur et de la longueur du prénom + 5 cm de chaque côté
- du papier-calque

Conseils techniques

Si le prénom est long, il sera peut être nécessaire d'introduire la lame à différents endroits, pour avoir accès à toutes les lettres sans être géné par la scie.

Suggestions

Vous pouvez prévoir d'autres puzzles pour d'autres occasions, qui complèteront et constitueront peu à peu l'alphabet complet. Vous pouvez fixer une bande aimantée sous la lettre, pour vous en servir sur une autre surface.

Les prénoms

Réalisation

Sur le papier-calque, dessinez les lettres du prénom de votre choix. Reportez toutes les formes sur une des deux planches de bois ; découpez en suivant le contour des tracés. A l'aide d'un clou, marquez un trou sur le tracé à un endroit discret pour introduire la lame. Pratiquez la découpe intérieure. Découpez le prénom puis séparez les lettres. Poncez soigneusement les tranches de chaque lettre. Passez la peinture des fonds et dessinez les détails. Collez ensemble les deux parties du puzzle. Laissez sécher. Pour le décor du fond, trouvez un objet dont la première lettre est celle du prénom, puis procédez comme pour les puzzles précédents.

Étape 1

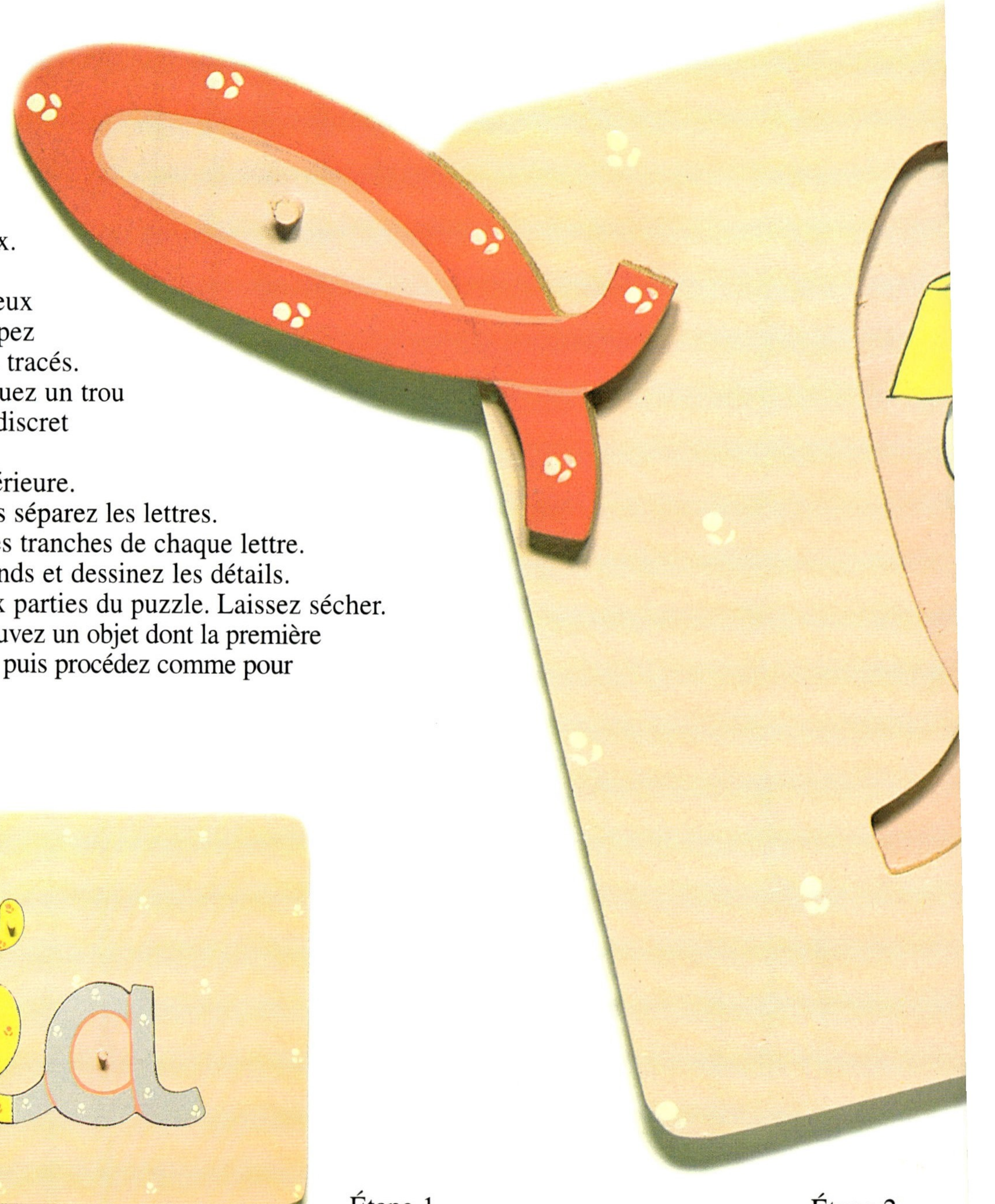

Étape 2

Fournitures

- 3 planches de bois de 21 x 27 x 0,6 cm
- 2 petits morceaux de coton à broder

L'oeuf

Étape 1

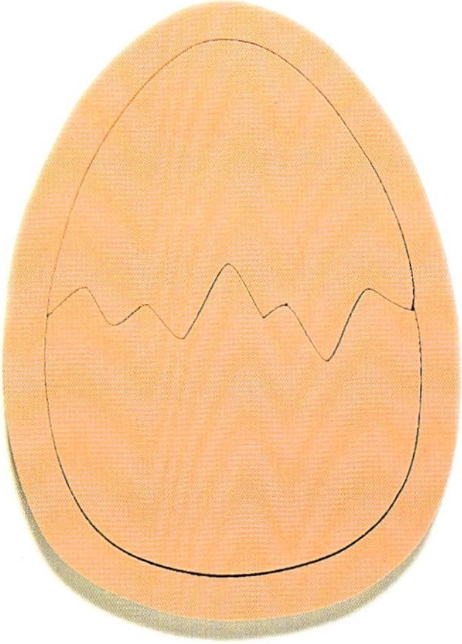

Étape 2

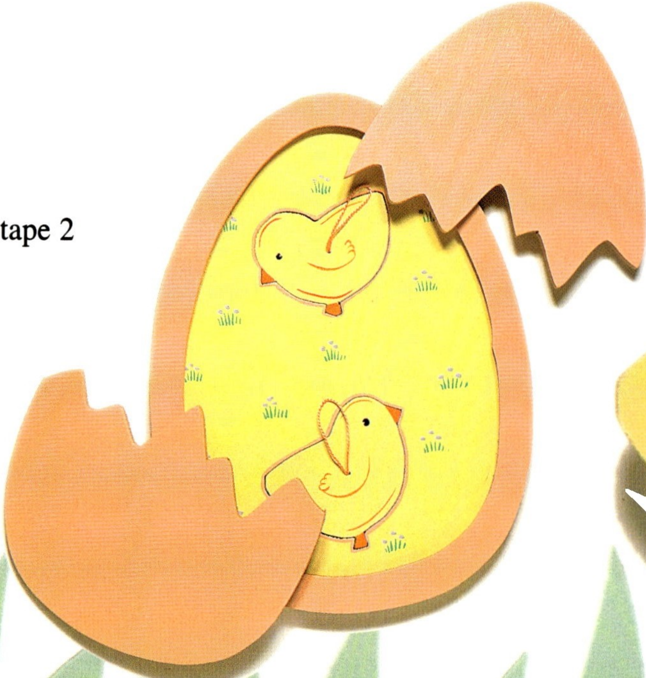

Étape 3

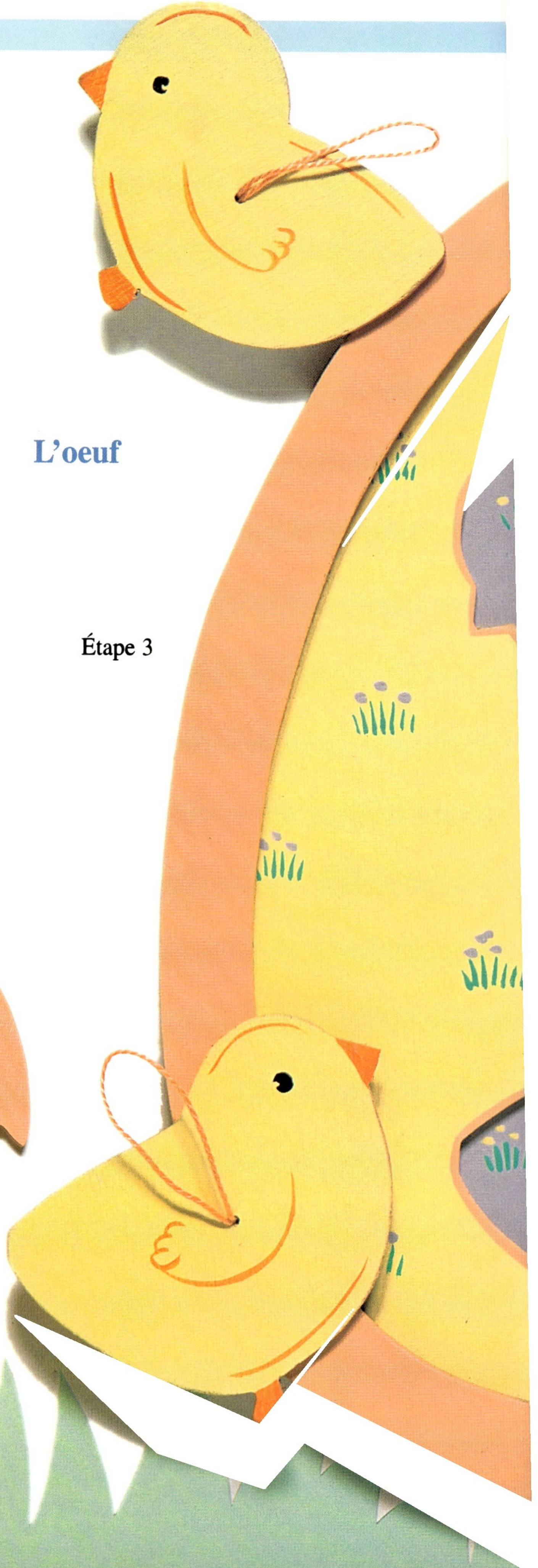

Réalisation

Il s'agit d'un modèle à trois niveaux. Reportez toutes les formes sur les trois planches de bois. *Important :* afin d'obtenir une découpe parfaite, la forme finale de l'œuf sera découpée une fois les trois épaisseurs collées. *Partie supérieure :* pour découper la fêlure de l'œuf, perçez un trou de clou sur le tracé, passez la lame. Appliquez un mélange de jaune pâle et de rose. *Partie intermédiaire :* découpez les poussins en perçant un trou de clou sur le tracé de chacun d'eux pour passer la lame. Faites les poussins et les décors en jaune. Ajoutez les détails *Fond :* il est peint en mauve. Ajoutez les lapins.

Collez les trois épaisseurs, pressez, laissez sécher. Découpez la forme finale en suivant le contour de l'œuf. Passez la peinture sur la tranche extérieure et sur le dos de l'ensemble. Faites un trou au centre des poussins et passez-y un morceau de coton à broder, ce qui permettra de les retirer plus facilement. Faites un nœud avec le coton à broder au dos des poussins ou fixez avec du ruban adhésif. Nouez un joli ruban : le puzzle est prêt à offrir.

Suggestions

Pour offrir un œuf au décor personnalisé à la personne de votre choix, inspirez-vous de ses animaux favoris, ou de ses objets préférés. Vous pouvez également coller, une photo derrière chaque poussin.

DÉCORATIONS DE NOËL

Fournitures

- du bois de 0,3 / 0,5 cm d'épaisseur et de la dimension du modèle à réaliser
- des chutes de papier cadeau
- du bolduc
- des chutes de feutrine
- des piques à cocktail

Réalisation

Reportez toutes les formes choisies sur une planche de bois ; découpez-les suivant le contour des tracés. Passez la peinture des fonds (*dominante rouge ou vert*). Ajoutez les détails.

Pour les lutins avec le cadeau, emballez le petit paquet avec minutie, collez-le sur le ventre du personnage et passez seulement la peinture des mains. En haut de la pièce, faites un trou qui servira à passer un fil pour accrocher le sujet.

Conseil technique

Pour les fourrures entourant les visages, utilisez un pinceau-brosse avec une peinture blanche, pas trop fluide et pas trop épaisse. Faites des essais pour obtenir l'effet voulu0.

Suggestions

Vous pouvez monter les décorations en mobile *(voir page 10),* ou imaginer une branche bien garnie à accrocher au-dessus d'une porte. Vous pouvez également couper les formes dans du bois plus épais, pour réaliser des petits bougeoirs.

Fournitures

Par modèle
- 1 planche de bois de 35 x 35 x 0,6 cm
- 1 bouton de porte Ø 5 cm pour l'ours, la souris ou le briard, et de Ø 3,5 cm pour le panda et le lapin, avec vis

Réalisation

Reportez la forme du modèle choisi sur la planche de bois ; découpez-la en suivant le contour du tracé. Poncez soigneusement la forme et la tranche avant de passer la peinture du fond.

L'ours

Tamponnez la fourrure au pinceau-brosse, en préparant une couleur à base de rouge, de jaune et de noir. Ne faites pas une couleur marron uniforme; laissez sur la palette une petite quantité de chaque couleur pour obtenir un marron nuancé sur l'ours,. Cernez les contours de la tête avec un marron plus foncé que celui du fond. Faites le museau en éclaircissant avec du blanc, puis les oreilles et les détails des yeux et de la bouche. Collez le museau peint. Percez puis fixez la truffe peinte en noir.

Le panda

Faites la tête en blanc, les oreilles et la truffe en noir, les yeux couleur noisette. Soulignez les contours de la tête en noir au pinceau-brosse et ajoutez les détails au feutre ou au pinceau. Percez, puis fixez la boule peinte en noir.

Le briard

Passez la peinture de la tête en beige *(jaune pâle + rose).* Soulignez le contour, la “frange”, les poils du museau avec des traits plus ou moins fins, de gris clair, foncé, de blanc, de marron *(voir photo).* Dessinez les yeux et la bouche. Percez puis fixez la truffe peinte en noire.

Le lapin

Passez la peinture de la tête en rose pâle. Cernez de rose plus soutenu. Ajoutez les yeux couleur noisette, les moustaches et la bouche. Percez puis fixez le nez peint en rose.

Conseil technique

Pour accrocher ces patères, vous pouvez visser un piton de chaque côté de la tête.

souris

'assez la peinture de la tête en vert pâle. Soulignez les contours au pinceau-brosse en vert plus foncé. Faites les oreilles en rose pâle, cernées de rose plus foncé. Collez les oreilles sur la tête. Dessinez le nez, les yeux en noir. Soulignez en blanc et gris. Tracez les moustaches, la bouche. Percez, puis fixez la truffe peinte en rose.

Fournitures

- 1 planche de bois de 42 x 20 x 0,6 cm
- 4 boutons de porte de Ø 5 cm avec vis
- 2 petits crochets

Le train

Réalisation

Reportez la forme du modèle sur la planche de bois ; découpez-la en suivant le contour du tracé.
Poncez soigneusement la tranche. A l'aide d'un clou, marquez les emplacements des boutons de porte. Percez. Appliquez la peinture des fonds. Dessinez les contours, les personnages et les détails. Fixez les boutons de porte peints dans les couleurs choisies.

Suggestions
Vous pouvez, au gré de vos envies, ajouter des wagons. Chaque enfant pouvant avoir le sien et le personnaliser à sa fantaisie.
Vous pouvez également imaginer un décor simple sur lequel le train sera dessiné ou collé *(le décor du portemanteau des chats de la page 52 par exemple).*

Fournitures

- 1 planche de bois de 52 x 52 x 0,6 cm
- 2 boutons de porte de Ø 0,5 cm avec vis
- 2 petits crochets

La famille «Chat»

Réalisation

Reportez les trois formes du modèle (le décor, la lune, les chats) sur la planche de bois ; découpez-la en suivant le contour des tracés. Poncez soigneusement les tranches. Ne vous crispez pas en découpant la forme de la lune. Le ponçage arrange les imperfections. Il vaut mieux une forme de lune un peu trop ronde, que des raccords de coupe difficiles à reprendre.

Pour le décor

Appliquez la peinture du fond en bleu. Dessinez le contour et les détails. A l'aide d'un clou, marquez les emplacements des boutons de porte. Percez.

Pour la lune

Elle est simplement peinte en jaune pâle.

Pour la famille «Chat»

Passez la peinture des fonds, dessinez les contours et les détails.
Collez la lune sur le décor, puis la famille «Chat» sur la lune. Fixez les boutons de porte peints en bleu.

Conseil technique

La superposition des trois éléments *(chats, lune, décor)* donne du volume, mais il est possible de réaliser ce modèle en un seul plan, sur une seule planche.

Suggestions

Imaginez différents décors en collant des éléments rapportés *(arbre, toits...)*.

Le chat noir
et le clair de lune
Ces modèles sont réalisés
sur le même principe
que la famille “Chat”.

Fournitures

- 1 planche de bois de 32 x 30 x 0,6 cm
- 2 boutons de porte de Ø 5 cm avec vis

La poule

Réalisation

Reportez la forme du modèle sur la planche de bois ; découpez-la en suivant le contour du tracé. Poncez soigneusement les tranches. A l'aide d'un clou, marquez les emplacements des boutons de porte. Percez.

Passez la peinture du fond. Dessinez les contours et les détails. Ajoutez quelques touches de noir au pinceau-brosse pour accentuer le plumage. N'oubliez pas la virgule qui fera briller la crête, les yeux de la poule et ceux des poussins. Fixez les boutons de porte peints dans la couleur œuf *(rose + jaune paille).*

Suggestions

Vous pouvez ajouter des œufs, reportez le dessin de la poule sur une planche plus longue et collez d'autres poussins..

Fournitures

Pour la veilleuse-paysage
- 1 planche de bois de 48 x 23 x 1 cm
- 1 planche de bois de 45 x 18 x 0,6 cm
- 1 planche de 19 x 9 x 1 cm
- des petits clous
- 1 douille, 1 ampoule
- du fil électrique, 1 prise mâle
- 1 interrupteur
- de la colle à bois

Pour les patères assorties
Par patère
- 1 planche de bois de 23 x 12 x 0,6 cm
- 1 bouton de porte de Ø 5 cm avec vis

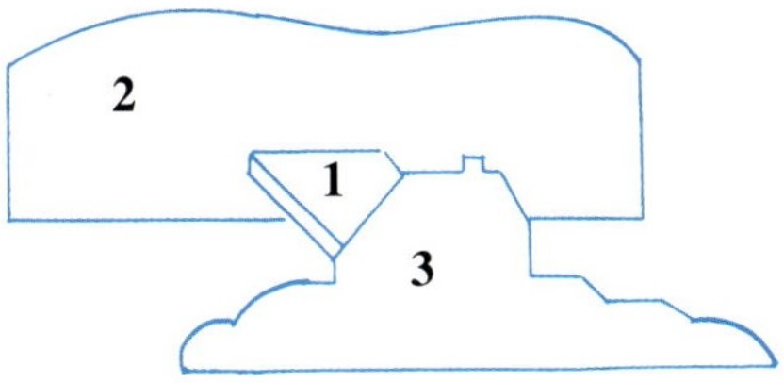

Fig.1

Fig.2

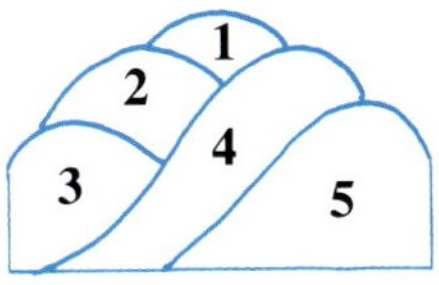

Fig.3

Fournitures

Pour chaque veilleuse
- 1 planche de bois de 50 x 22 x 0,6 cm
- 1 planche de bois de 10 x 8 x 1 cm
- des petits clous
- 1 douille, une ampoule
- du fil électrique, 1 prise mâle
- 1 interrupteur

Réalisation des veilleuses «garçon et fille»

Les deux veilleuses sont réalisées à partir du même schéma *(fig.4).*Reportez les formes 1,2,3 *(fig.2)* du modèle (*le fond, le décor du premier plan, le support du matériel électrique*); découpez-les en suivant le contour des tracés. Poncez soigneusement les tranches. Pour le fond et le support du matériel électrique, passez la peinture bien uniformément.

Réalisation de la veilleuse-paysage

Recopiez les formes 1,2,3 *(fig.1)* du modèle (*le décor du fond, la maison et son jardin, le support du matériel électrique*) ; découpez-les en suivant les contours des tracés. Les rideaux sont découpés dans un petit morceau de contre-plaqué de 5,5 x 5,5 x 0,2 cm et sont collés au dos de la forme.
Poncez soigneusement les tranches.

Pour le décor
Pour le fond, réalisez un camaieux de roses. Dessinez les détails.

Pour la maison et son jardin
Passez la peinture des fonds, dessinez les contours et les détails.

Pour le support du matériel électrique
Faites un trou pour le passage du fil. Passez la peinture de fond. Assemblez les trois éléments avec des petits clous et de la colle à bois. Montez le matériel électrique en respectant les normes de sécurité *(vous pouvez acheter cet ensemble prêt à poser).*

Réalisation des patères-paysages assorties

Reportez la forme choisie sur la planche de bois *(fig.2)* ou *(fig.3)* ; découpez-la en suivant le tracé. Poncez soigneusement la tranche. A l'aide d'un clou, marquez l'emplacement du bouton de porte. Percez et vissez-le. Passez la peinture sur les différents volumes montés (*le fond et le bouton de porte*). Commencez par peindre les éléments du fond 1, 2, 3 *(fig. 2)* ou 1, 2, 3, 4, 5 *(fig. 3).*

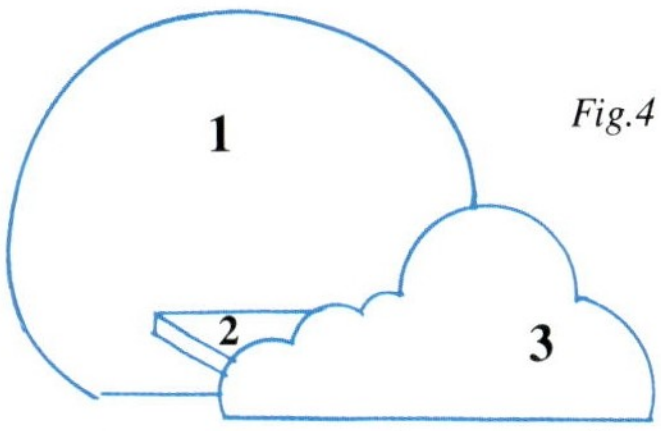

Fig.4

Pour le décor du premier plan, appliquez la peinture du fond, dessinez les contours et les détails.

Pour le support du matériel électrique
Faites un trou pour le passage du fil. Assemblez les trois éléments avec des petits clous et de la colle à bois. Montez le matériel électrique en respectant les normes de sécurité. (*Vous pouvez acheter cet ensemble prêt à poser*).

Conseil technique

Laissez une base importante au lapin pour éviter qu'il ne soit fragile. Peignez toutes les tranches qui se verront à la lumière et poncez bien les contours.

Suggestions
Imaginez un fond plus important, vous pouvez rajouter une patère, coller une boîte à musique...

Veilleuse paysage

Veilleuse garçon

Patères paysage

illeuse fille

LE JEU DU SOLITAIRE

Fournitures

- 1 planche de bois de 23 x 15 x 1,5 cm
- 33 tourillons Ø 0,5 x 2,5 cm

Réalisation

Reportez la forme sur la planche de bois ; découpez-la en suivant le contour du tracé. Poncez soigneusement la tranche. A l'aide d'un clou, marquez l'emplacement des trous. Percez-les en prenant soin de leur donner la même profondeur (*0,6 cm*). Pour enlever les petites échardes de bois, qui peuvent éventuellement se trouver au bord des trous, ne poncez pas, passez un coup de chiffon énergique. Passez la peinture du fond, dessinez les détails et les contours. Les extrémités apparentes des pions (*tourillons*) sont peintes en mauve.

Conseil technique

Quel que soit le diamètre des pions, percez avec un diamètre augmenté de 1 mm.

Suggestions

Vous pouvez reprendre plusieurs formes présentées pour les transformer en solitaire ; prévoyez de préférence l'emplacement des pions sur une surface sans détail important.

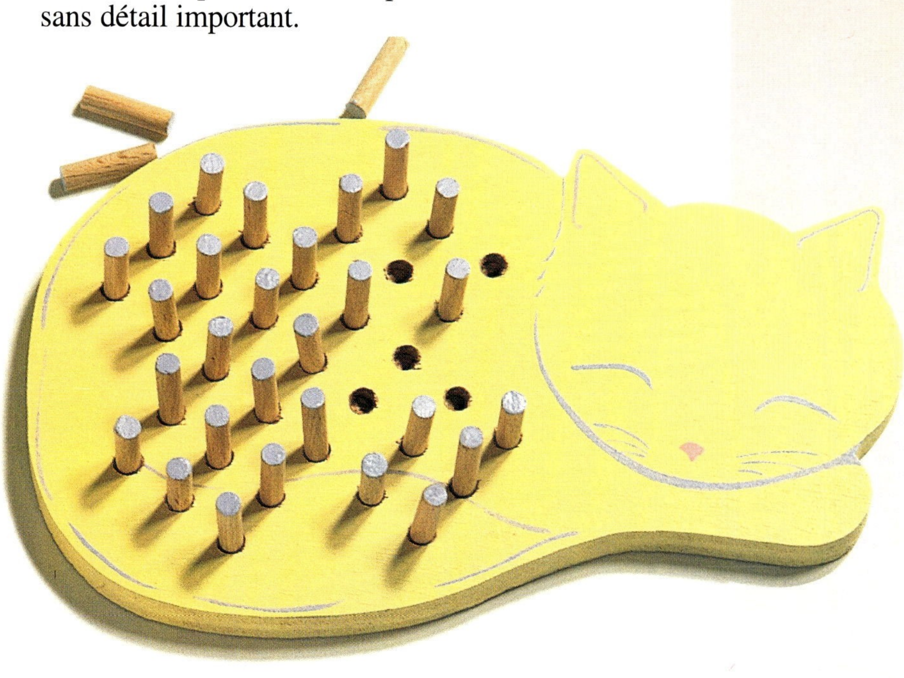

LE JEU DE L'ÉCHELLE

Fournitures

Pour l'échelle à une seule descente :
- 1 planche de bois de 62 x 11 x 1,2 cm
- 18 tourillons Ø 0,6 x 2,5 cm

Réalisation

L'échelle

Découpez la planche de bois au format, arrondissez les angles. Poncez soigneusement la tranche. A l'aide d'un clou, marquez l'emplacement des trous. Percez-les en prenant soin de leur donner la même profondeur (*0,6 cm*). Passez la peinture du fond, dessinez les détails du décor : ballons, fleurs, images, nuages, oiseaux. Affinez une des extrémités de chaque tourillon avec un taille-crayon. Encollez-les et enfoncez-les dans les trous avec un marteau. N'oubliez pas d'en peindre les extrémités apparentes. Un petit trou dans la partie supérieure de la planche permettra d'accrocher le jeu au mur.

Les bonshommes

Reportez les formes sur une planche de bois ; découpez-la en suivant le contour des tracés. Passez la peinture des fonds, dessinez les détails du visage, du corps devant et derrière sans oublier les côtés.

Conseils techniques

Si le bonhomme est « paresseux » et descend mal, un ponçage minutieux rendra sa descente plus harmonieuse. Coupez les bonshomme dans des bois de différentes épaisseurs, les plus lourds seront les plus rapides.

Suggestions

Vous pouvez réaliser des échelles plus larges en ajoutant une, deux, ou trois autres descentes... La planche à trois descentes photographiés ici est faite à partir d'une planche de bois de 43 x 21 x 1,2 cm. Elle est réalisée avec 36 tourillons de Ø 0,6 cm.

Fournitures

- du bois de 0,3 ou 0,5 cm d'épaisseur et de la dimension du modèle à réaliser

Autant de formes que de possibilités... Un aimant collé au dos et voici un magnet, plusieurs épaisseurs de la même forme et les voilà qui tiennent debout ! ... et si j'en profite pour leur poser une bougie sur la tête ? ... ou tout simplement en décoration dans ma chambre, sur la porte... et une frise ! ... une grande et de toutes les couleurs...

Réalisation

Reportez les formes sur la planche de bois ; découpez-la en suivant le contour des tracés. Passez la peinture des fonds, dessinez les détails.